YO ELIJO
Reducir, Reutilizar y Reciclar

YO ELIJO SERIE

ELIZABETH ESTRADA

Copyright 2024 por Elizabeth Estrada - Todos los derechos reservados.
Publicado e impreso en Estados Unidos.

Ninguna parte de esta publicación o de la información que contiene puede ser citada o reproducida en forma alguna mediante impresión, escaneado, fotocopia u otros medios sin permiso del titular de los derechos de autor.

Descargo de responsabilidad y condiciones de uso:
Se ha procurado que la información contenida en este libro sea exacta y completa. Sin embargo, el autor y el editor no garantizan la exactitud de la información, el texto y los gráficos contenidos en el libro debido a la naturaleza rápidamente cambiante de la ciencia, la investigación, los hechos conocidos y desconocidos e Internet.

El autor y la editorial no se hacen responsables por errores, omisiones o interpretaciones contrarias del contenido de este libro.

Este libro se presenta únicamente con fines motivacionales e informativos.

YO ELIJO
Reducir, Reutilizar y Reciclar

ELIZABETH ESTRADA

Nunca me puse a pensar
En el futuro de mi tierra,
O cómo debería apreciar
El planeta donde nací.

Las montañas y los valles,
Los ríos y el mar,
Los daba por sentados,
Tan casual como podría ser.

Había oído hablar de la contaminación.
Que estamos envenenando el aire.
Estamos dañando el planeta,
Así que debemos estar alerta.

En clase, nuestro maestro nos enseñó
Que cada uno de nosotros puede tener un impacto.
Podemos salvar el mundo.
Todo lo que tenemos que hacer es un pacto.

Reducir, reutilizar y reciclar es
Una forma increíble de empezar.
Y depende de cada uno de nosotros
Nuestro papel debemos desempeñar.

Reducir significa reducir
toda la basura que creamos.
Los desechos que tenemos que enterrar
Y que nuestro papel desempeñemos.

Reutilizar significa tomar cosas usadas
Que todavía se pueden usar
E intentar darles más uso
De otras maneras que puedas pensar.

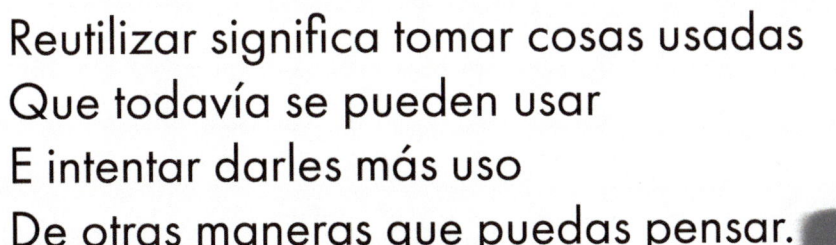

Reciclar significa tomar lo viejo
Y convertirlo en algo nuevo
Como metal, plástico, madera y vidrio.
Solo por nombrar alguno.

Al salvar nuestros recursos,
Podemos ayudar a mantener limpio nuestro planeta.
Reducir, reutilizar, reciclar,
Simplemente sigue esa rutina.

La noche antes de irme a dormir,
Hice un pequeño listado
De todas las formas en que un niño como yo
Puede ayudar a dar un major resultado.

Quiero apagar las luces
Cuando no hay nadie en la habitación,
Reduciendo la energía desperdiciada
Y no dejar encendida la calefacción.

Quiero cepillarme los dientes todos los días
Sin desperdiciar nada de agua
Ya que el agua corriente es un desperdicio.
¡Esto no es un sacrificio!

Puedo usar una caja reutilizable
Para el almuerzo que llevo a la escuela,
Tirar bolsas sucias todos los días
Es igual que tirar baterías.

Quiero dibujar en papel
Usando ambos lados de la hoja.
Si puedo salvar un árbol o dos
Eso es algo que no me enoja.

Quiero que mis juguetes sean reutilizados
Por niños que no tienen ninguno.
Donar los que he terminado,
Para que otros niños no tengan problema alguno.

Quiero dar un montón de ropa -
Las que ya no me quedan
A tiendas de segunda mano y organizaciones benéficas,
Para que la usen otras personas que puedan.

Quiero dar los libros que he terminado
A bibliotecas de forma gratuita.
Así otros niños tendrán la oportunidad
De leer una historia bonita.

Quiero guardar mis sobras
Ya que la comida se puede recalentar
Hay que almacenarla en el congelador
Y para otras comidas reutilizar.

Quiero empezar a reciclar
Todas mis bolsas, frascos y latas.
Las botellas que uso
También están en mis planes.

Quiero usar los contenedores de colores
Para separar nuestra basura por estado.
Así que todos mis reciclables
Deben ir al contenedor adecuado.

Quiero un planeta saludable.
Y realmente entiendo
Que el futuro del planeta
Estoy comprendiendo.

Una persona puede marcar la diferencia
Porque cada uno tiene un impacto.
Elijo reducir, reutilizar, reciclar.
Para que nuestro planeta permanezca intacto.

Formas en que puedo salvar mi Tierra

1. APAGA LAS LUCES AL SALIR DE LA HABITACIÓN. DURANTE EL DÍA, ABRE LAS CORTINAS Y DISFRUTA DE LA LUZ NATURAL.

2. UTILIZA UNA BOTELLA DE AGUA REUTILIZABLE Y DEJA DE COMPRAR BOTELLAS DE PLÁSTICO DESECHABLES.

3. CUANDO PUEDAS, CAMINA O ANDA EN BICICLETA Y HAZ ALGO DE EJERCICIO. INTENTA MANTENER UNA DISTANCIA FÍSICA DE DOS METROS DE OTRAS PERSONAS.

4. REUTILIZA PAPEL RECICLADO PARA ESCRIBIR NOTAS O HACER MANUALIDADES.

5. DESCONECTA LOS CARGADORES QUE NO ESTÉS USANDO.

6. RECICLA LATAS, BOTELLAS, PAPEL, LIBROS E INCLUSO JUGUETES.

7. CIERRA EL GRIFO MIENTRAS TE CEPILLAS LOS DIENTES.

8. PON TU COMPUTADORA EN MODO "REPOSO" EN LUGAR DE DEJARLA ENCENDIDA CON EL PROTECTOR DE PANTALLA ACTIVADO.

9. MANTÉN TUS DUCHAS CORTAS PARA CONSERVAR AGUA.

10. USA RECIPIENTES DE COMIDA REUTILIZABLES PARA TU ALMUERZO.

11. OPTA POR PILAS RECARGABLES Y RECÍCLALAS CUANDO SE AGOTEN.

12. TOMA PRESTADO UN LIBRO DIGITAL DE LA BIBLIOTECA; ES UNA EXCELENTE MANERA DE REDUCIR LOS DESECHOS.

13. DEJA DE USAR BOLSAS DESECHABLES; UTILIZA BOLSAS REUTILIZABLES.

14. TOMA DUCHAS MÁS CORTAS.

15. UTILIZA LIMPIADORES NO TÓXICOS EN TU HOGAR Y EXPLÍCALES QUE SON MEJORES PARA EL MEDIO AMBIENTE.

16. COMPARTE EL AUTOMÓVIL AL MENOS UNA VEZ A LA SEMANA. ¡ES DIVERTIDO Y RESPETUOSO CON EL MEDIO AMBIENTE!

17. OFRECE TU TIEMPO COMO VOLUNTARIO EN PROGRAMAS DE PLANTACIÓN DE ÁRBOLES O LIMPIEZA DE ARROYOS.

18. RECICLA ADECUADAMENTE LAS PILAS USADAS.

19. INICIA UNA COMPOSTA EN TU JARDÍN.

20. PLANTEN UN ÁRBOL JUNTOS Y APRENDAN SOBRE LAS MUCHAS FORMAS EN QUE LOS ÁRBOLES BENEFICIAN NUESTRO MEDIO AMBIENTE.

21. ANTES DE COMPRAR ALGO NUEVO, BUSCA ARTÍCULOS USADOS O GRATUITOS.